MON CULTE

POUR

GEORGE SAND

PAR

ERCOLE MORENI

ROME
FORZANI ET Cie, IMPRIMEURS DU SÉNAT

1888

MON CULTE

POUR

GEORGE SAND

PAR

ERCOLE MORENI

ROME
FORZANI ET Cie, IMPRIMEURS DU SÉNAT
1888

PRÉFACE

Je crois fermement que si l'on revient en France et en Italie à l'étude et à l'appréciation sincères des œuvres de George Sand, le goût littéraire du XXe siècle acquerra une expression particulière d'élévation et de beauté, laquelle formera la suprématie du génie latin.

Avec cette confiance, j'ai essayé de porter mon petit grain de sable au grand travail commun de régénération intellectuelle ; et je demande bien pardon à mes lecteurs si la fougue de mes sentiments l'a peut-être emporté sur le bon sens et le bon style français.

ERCOLE MORENI.

Portoferraio (Elbe), 15 janvier 1888.

Moi, je crois que, dans cinquante ans, je serai parfaitement oubliée et peut-être durement méconnue !

GEORGE SAND.

CHAPITRE Ier.

Regard rétrospectif.

L'année 1882, — vingt-cinquième de ma vie, — s'était close par un meurtre politique, qui avait indigné l'Europe civile. La mort cruelle de Guglielmo Oberdank m'avait frappé au cœur. Je connaissais, j'étais l'ami de celui qui avait été livrer, avec l'enthousiasme et la foi d'un martyr, sa jeune et belle tête au bourreau autrichien, pour l'amour de sa patrie, pour l'amour de Trieste, qu'il aurait voulu voir revendiquée à l'Italie!

Je portai longtemps, dans mon âme, le deuil de ce pauvre et infortuné jeune homme, sur qui pleurait une mère inconsolable, un peuple opprimé et l'Italie entière.

Plusieurs mois se passèrent dans la tristesse et dans l'incertitude d'une vie sans but et sans profit.... Soudain, un jour, vers la moitié de l'année 1883, j'eus cette idée: aller visiter cette contrée, en deçà des Alpes Rhétiques, qu'on nomme le *Trentino* et qui, malheureusement, n'appartient pas encore à l'Italie. Je pensais, vaguement, que j'aurais pu servir, en quelque sorte, la cause de l'*Irredenta*, qui m'enflammait, alors, le cœur. Je me mis, aussitôt, à lire plusieurs ouvrages concernant ces historiques et riantes vallées de l'Adige, lesquelles sont couronnées par les Alpes, ces frontières naturelles que Dieu a placées pour défendre notre pays des rapacités étrangères.

Avec le livre de M. Gambillo sur le *Trentino* à la main, je suivais avec intérêt les différentes localités, que j'espérais visiter un jour et que je voyais, en attendant, sur une carte topographique. M. Gambillo disait quelque part, qu'en sortant de la ville de Bassano, pour remonter la vallée de la Brenta, il lisait certaines *Lettres d'un voyageur*, par George Sand.

Je répétai vite ce nom que je n'avais jamais entendu prononcer et je l'écrivis sur mon calepin. Je me rendis, le jour même, à la grande bibliothèque Victor-Emmanuel, qui est la plus belle de Rome, et là je demandai le livre en question. Avant que de l'ouvrir, je réfléchis, que l'auteur étant apparemment Français, peut-être aurait-il jugé mon pays avec légèreté et avec amertume. Je pensais cela, car plusieurs écrivains français visitant l'Italie lui avaient toujours su trouver quelque *plaie* de plus qu'elle n'avait en réalité. Enfin, j'étais décidé à ne pas m'occuper de l'auteur, mais du livre duquel j'espérais prendre des notes utiles pour ce voyage projeté.

Je lus d'abord la préface, qui me plut, parce que l'auteur ne s'y nommait pas et qu'il semblait cacher, sous la blouse du voyageur errant, son âge et son sexe. Et puis ces derniers mots de la préface me gagnèrent : « Les gens graves y trouveraient matière à plaindre, à consoler, à encourager et à instruire la jeunesse rêveuse, ardente et aveugle de notre époque. »

Ceci paraissait écrit pour moi, qui me sentais tourmenté par le désir vague de me rendre utile à quelque chose et que je cherchais sans trouver.

Je lus attentivement, avidement les premières pages, qui me ravirent. Je n'avais jamais rien trouvé de semblable dans aucun livre italien.

De la manière dont cet auteur inconnu parlait de Bassano, de Possagno, d'Oliero, de la vallée de la Brenta, je croyais reconnaître un Italien de génie, épris des beautés de son pays, les décrire et les vanter avec les vives couleurs dont se servait le Giorgione pour peindre ses belles toiles vénitiennes.

Les *Lettres* et les *Nouvelles Lettres d'un voyageur* furent lues en peu de jours. Elles me laissèrent une impression extraordinaire. J'en recopiai tous les plus beaux passages, surtout ceux qui avaient rapport à la Vénétie.

Après je cherchai, dans le Grand Dictionnaire Larousse, la biographie de George Sand. Cette biographie me parut surprenante !

Je me proposai, alors, de faire une étude sérieuse, consciencieuse des ouvrages de cet illustre écrivain. Et j'aurais voulu m'y mettre aussitôt; mais des circonstances fâcheuses m'en empêchèrent. Il me fallut songer sérieusement à mon avenir: je n'avais pas de position dans la société, et j'avais besoin de gagner ma vie.

Le hasard me fit trouver en 1884 une place de copiste au Ministère des travaux publics, que je fus bien aise d'accepter, en attendant que le temps et l'étude m'eussent conduit à l'enseignement, auquel je visais depuis longtemps sans succès.

En cette année je parvins à lire l'*Histoire de ma vie*, par George Sand. A mesure que j'entrais dans la connaissance de cette femme remarquable, je me prenais pour elle d'admiration et d'amour. Je lui vouai toutes mes pensées et toutes mes actions.

Dès lors, je me sentis devenir meilleur et j'eus foi en mon avenir. [1]

Vers la mi-juin 1885, je pus enfin effectuer mon voyage pédestre vers les Alpes Rhétiques. J'allai

[1] Je lus, en cette même année, dans le *Capitaine Fracasse* de Rome, un article remarquable de Mlle Matilde Serao, romancier bien connu en Italie, sur le *Monument à la Châtre*, dans lequel le jeune et brillant écrivain présente, par des traits magistrals, la grande figure de George Sand, s'élevant de toute sa grandeur sur son piédestal en marbre et parlant à la postérité à travers son apothéose de gloire!

à Bassano, puis à Possagno, puis dans la vallée de la Brenta, toujours avec les pages splendides de George Sand à la main, les lisant, les relisant, les déclamant.

J'allai m'asseoir au café des *Fossés*, pour contempler cette magique vallée de la Brenta de l'endroit même où la célèbre voyageuse l'avait embrassée de son regard fascinateur! Je visitai le temple de Canova, bien moins, — l'avouerai-je? — pour admirer la majestueuse coupole sous laquelle repose le grand statuaire italien, que pour rechercher, sur ces dalles en marbre, l'empreinte des pas de George Sand.

Dans la grotte d'Oliero, je me penchai sur cette source d'eau couleur d'émeraude, qui avait réfléchi, en 1834, la belle et noble figure de George Sand, et j'y plongeai mes yeux avides, croyant d'y voir reparaître ces traits divins.

Je sortis de la grotte pour chercher, au fond du beau vallon, ce tapis de violettes où elle s'était reposée. Le guide qui me conduisait me dit: « Là-bas, justement, il y a quelques années, un puissant personnage, — il le nomma sans que j'y prisse garde, — escorté de sa suite nombreuse, alla prendre quelques instants de repos.... » Je haussai les épaules en pensant: voilà un personnage qui s'est permis de m'abîmer cet endroit!

De retour de mon excursion je me mis à lire les six volumes de la *Correspondance* de George Sand, qui me la fit connaître encore mieux. J'y suivis, avec grand intérêt, toutes les phases de sa longue et intéressante vie, parsemée de bonnes œuvres, lesquelles produisèrent sur moi un effet salutaire.

Vers la fin de l'année 1885, le Ministère de l'instruction publique à Rome annonça un concours pour deux places de professeur de français dans les écoles techniques de Catane et de Milan. Je pris part à ce concours, et comme le thème de la composition française avait pour titre: *Étude des principaux éléments qui contribuent à former l'écrivain,* je pris à considérer mon auteur de prédilection et j'écrivis, avec entrain, plusieurs pages enthousiastes sur George Sand. Ce travail ne me valut cependant pas la place ambitionnée; car j'avais contre moi de puissants compétiteurs. Mais il me valut un *accessit* de la part du Ministère de l'instruction publique.

En tous les cas, c'était à George Sand que je devais mon premier pas assuré vers la carrière de l'enseignement, dans laquelle je devais entrer un peu plus tard.

L'année suivante 1886, je continuai peu à peu la lecture des *Questions d'Art et de Littérature,* des *Impressions et Souvenirs* et des *Dernières pages,* lesquels me produisirent de bien douces émotions et un profit réel pour mes études françaises.

De ces beaux et profonds ouvrages je tirai un recueil des expressions originales qui me frappèrent le plus et que je n'avais trouvé dans aucun des auteurs français, que j'avais étudiés avant George Sand. Je préparai ces matériaux avec l'idée d'en composer un jour une grammaire française à l'usage des Italiens. Et puis, j'écrivis des sentences de George Sand sur mes dictionnaires et sur d'autres livres, que j'ai toujours sur ma table de travail, afin qu'à tout moment dans la journée je fusse guidé par le nom et le conseil de celle qui s'est emparée de mon cœur et de mon esprit!

Pendant cet été, 1886, je fis une nouvelle excursion dans la Vénétie. Je remontai la vallée de la Brenta et, par Val Sugana, je poussai jusqu'à Trente, cette fameuse ville italienne, la sœur de Trieste, qui soupire après sa délivrance de l'Autriche, à Trente que je visitai et décrivis comme je pus, en donnant libre cours à mes sentiments patriotiques, lesquels purent à peine se contenir à la vue de la garnison étrangère et de l'aigle impériale!...

Vers le mois de septembre, le Ministère de l'instruction publique annonça d'autres concours pour des places officielles en Sicile. Je m'inscrivis aussitôt avec confiance et espoir, et j'attendis mon jour, en redoublant d'ardeur pour l'étude du français avec mon unique et bien-aimé maître: George Sand!

On était au commencement d'octobre et, dans l'attente du résultat des concours, je continuais mon travail assidu et.... *bête* au Ministère des travaux publics.

Un jour, pour tromper mon impatience et mon inquiétude, je pensai écrire et envoyer une lettre à

M. Maurice Sand à Nohant osant lui demander, comme une grâce spéciale, un autographe de sa mère. Cette demande, quelque peu hasardeuse, fut appuyée par deux lettres de feu l'abbé M. Hippolyte Michon, l'inventeur de la *Graphologie*, lequel j'avais eu l'honneur de connaître en France, en 1874. M. Michon me portait, depuis lors, beaucoup d'amitié et m'encourageait à suivre une carrière conforme à mes goûts.

Deux ou trois jours après cet envoi, sans que je m'y attendisse plus, je reçus la participation officielle du Ministère de l'instruction publique de ma nomination à professeur de langue française à l'école technique de Sciacca (Sicile).

Sans contredit je dus ma réussite à l'étude suivie, persévérante, passionnée des ouvrages de George Sand; aussi mon cœur lui voua-t-il des actions de grâce infinies!

Ce fut pour moi une satisfaction à nulle pareille, lorsque je pus donner la démission de mon emploi bureaucratique; lorsque je fis mes adieux à mes supérieurs et à mes camarades.... végétatifs; et lorsque je me débarrassai à jamais de mes vilaines paperasses et de mes volumineux registres ministériels, lesquels, pendant deux ans et demi, m'avaient procuré un travail insipide, lourd, monotone....

Je quittai, en compagnie de ma femme et de mon bébé, ma chère ville de Rome pour me rendre à mes nouvelles fonctions en Sicile. Nous fûmes contraints de passer huit jours de quarantaine dans le magnifique port d'Augusta, où je délassai mon temps en lisant, caché par des cordages et adossé au beaupré du paquebot, les quatre volumes du Théâtre de Georges Sand. C'étaient les seuls livres de mon auteur favori, et ils ne m'appartenaient pas. C'est pour cela que, lorsque j'en eus achevé la lecture, je devins soucieux en songeant que la petite localité de Sciacca ne m'aurait pas fourni du George Sand et que, très probablement, j'aurais manqué de moyens pour me faire expédier quelques livres de Rome : les frais de voyage et d'installation allant être énormes pour des gens pauvres autant que nous....

Sciacca, érigée près des ruines de Sélinunte, en regard de l'île de la Pantellaria, éloignée d'un centre quelconque de vie et d'activité, sans communications en terre ferme, était bien une pauvre et triste relégation pour moi et les miens, et nous y souffrions beaucoup de nostalgie. Je payais, cependant, bien cher ma première année de noviciat dans l'enseignement ; j'avais de grands et gros élèves ignorants, tapageurs, rebelles, qu'il me fallut dresser par une patience et par une sévérité extrêmes.

A la fin de l'année scolastique j'obtins, toutefois, d'eux des résultats satisfaisants, qui me récompensèrent des grandes peines soutenues et.... digérées.

C'étaient les premiers et tristes jours de notre exil à Sciacca, et précisément le 12 novembre au soir, — j'en ai marqué la date heureuse ! — quand je me rendis à la petite poste de la ville pour retirer ma correspondance ordinaire. L'employé, cette fois, me remit une lettre chargée venant de Paris, de laquelle je ne connaissais pas l'écriture. Je sortis du corridor de la poste, où l'obscurité était complète et j'allai m'accouder contre un réverbère à pétrole, — là-bas on ne connaît pas encore le gaz et, peut-être ne le connaîtra-t-on jamais. J'ouvris donc avec curiosité cette lettre et, aux premières lignes que j'entrevis, je devinai, je compris tout ! C'était M. Maurice Sand qui me faisait le grand honneur de m'écrire et de m'envoyer un précieux autographe de sa mère !

Je cachai vite ce trésor et je volai chez moi, plein d'enthousiasme et de bonheur ; mais je sus maîtriser mon émotion devant les autres, jusqu'à ce que les miens se furent couchés.

Alors, resté seul, je me renfermai dans mon petit cabinet de travail et je rouvris, avec trépidation, la lettre de Paris. Les yeux émus, avides je me jetai sur l'*autographe* de George Sand, que je couvris de baisers et de larmes ; puis sur la lettre de M. Maurice, auquel j'envoyai, en esprit, mes remerciements les plus chaleureux.

Je passai ainsi, dans une grande béatitude, plusieurs heures de la nuit, tour à tour versant des larmes et de l'encre sur plusieurs feuilles de papier que je barbouillai avec la croyance d'un ancien chrétien !

Voici, maintenant la copie textuelle de la lettre de M. Maurice Sand et de l'autographe de Mme Sand :

Paris, 5 novembre 1886.

« Monsieur,

« Si j'ai tant tarde à répondre à votre demande, « c'est que j'étais à Nohant et je n'avais pas ce « que vous désiriez.

« J'ai trouvé à Paris, dans mes papiers, un mot « de ma mère adressé à moi, mais n'ayant pas « de signature. Elle n'avait pas l'habitude de signer « les lettres qu'elle m'adressait.

« Ce mot n'en est pas moins un autographe dont « je vous assure l'exactitude et la vérité.

« J'espère que mon envoi vous sera agréable et « j'y joins mes compliments et l'expression de mes « sentiments très distingués.

« MAURICE SAND. »

« M. Ercole Moreni, ministero dei lavori pubblici, segretariato generale Roma. »

Autographe de George Sand.

« 29 janvier 1870 — Vendredi soir.

« Aujourd'hui calme. J'ai travaillé à l'Odéon « jusqu'à 4 h. J'ai dîné avec Planchut. Je suis ren- « trée faire un bésigue avec lui et je l'ai renvoyé, « pour corriger les épreuves. Je vas bien. J'ai de « la patience à l'Odéon, il en faut. En passant sur « mon boulevard, je vous ai acheté une fontaine « de salle à manger, que je crois dans les dimen- « sions de la vôtre et qui est jolie.

« J'ai parlé à Magny. Je ferai vos commissions.
« Je ne sais quand je pourrai partir. Demain on « débrouille le deuxième acte.

« Je ne sais aucune nouvelle. Je m'enferme et « n'ai pas encore vu Mme Villot, ni Alexandre. « Haubert est en Normandie pour une quinzaine.

« Je vous bige. Je m'embête d'être clouée dans « l'ombre des coulisses quand le soleil luit au de- « hors. Il fait grand froid ici — bige Lolo, bige Ti- « tile. Tout le monde me dit qu'il n'y a plus de « jardiniers *légumistes*, race perdue! Il faut que « vous en fassiez un. »

Hélas! à Sciacca, comme je l'avais bien prévu, je ne pus trouver aucun livre en français de George Sand. Il me fallut donc interrompre mon étude sur elle et me consoler avec ces superbes *Causeries du lundi* par M. de Sainte-Beuve, un grand critique que je ne connaissais de même pas et que je finis par admirer et aimer beaucoup; lesquelles j'avais dénichées, par grand bonheur, dans une bibliothèque particulière de la ville.

M. de Sainte-Beuve me devint tout de suite sympathique, dans ses *Causeries*, par sa belle et fine critique de la *Mare au Diable*, qui se trouve dans le premier volume, laquelle me fit le plus grand plaisir, surtout par cette manière magistrale d'apprécier l'auteur d'*Indiana* avec des pensées si vraies, si simples et pourtant si belles.

Successivement, dans les autres premiers volumes, je trouvai encore rappelée Mme Sand, dans ces splendides critiques sur M. de Balzac, M. Delatouche et M. Pierre Dupont, que Sainte-Beuve envisage toujours d'une manière éminente.

Ce furent là toutes mes consolations littéraires à l'égard de mon grand maître, durant notre relégation en Sicile. Heureusement, malgré tout, nous étions arrivés à la mi-juillet de l'année passée: alors les écoles furent fermées et nous pùmes quitter à jamais les ruines de Sélinunte.

Nous revînmes à Rome, où je passais mes journées entières à la bibliothèque Victor-Emmanuel lisant et copiant du français, du vrai français comme on n'en écrira plus: le français de George Sand qu'on donnera, un jour — je l'espère — comme *classique* dens les écoles de France et d'Italie.

D'abord je repris, un moment, Sainte-Beuve dans ses *Portraits contemporains,* pour entendre le jugement du célèbre critique sur la première manifestation de l'art de George Sand dans *Indiana, Valentine, Lelia.* Puis, sous un charme infini, je lus le premier roman de Mme Sand, *Indiana,* celui qui porta une révolution dans la littérature délayante de l'époque (1832); et successivement le *Secrétaire intime, Jacques, André, Leone Leoni, Metella, Teverino, La Vallée noire,* et cette magnifique brochure, pleine de verve patriotique, sur Garibaldi!

Puis je copiai toutes les lettres de Mme Sand à Joseph Mazzini; ensuite toutes celles à Louis Calamatta; et je pris quantité de notes sur différents auteurs italiens et étrangers concernant Mme Sand, afin de ne pas manquer de matériel pour une étude sérieuse que je voulais faire, un peu plus tard, à l'île d'Elbe, — où le Ministère de l'instruction publique, comblant mes vœux, me destinait pour la nouvelle ouverture des classes, — sur George Sand, dans ses rapports avec l'Italie; étude que j'ai, en conscience, initiée et que j'espère livrer, dans quelques mois, à la publicité comme témoignage de mon admiration et de mon enthousiasme envers celle qui fut une si grande partie de mon propre pays. [1]

Le 8 septembre de l'année passée, à Rome, je pus faire l'heureuse connaissance de M. Mancion, Romain, qui fut le meilleur ami du célèbre graveur italien Louis Calamatta, que George Sand révéla à l'admiration de la France et du monde entier, — ne l'oublions pas, nous autres Italiens!

Ce respectable vieillard, qui est graveur, — quoique son grand âge de quatre-vingt-six ans ne lui

[1] Pendant mes vacances à Rome, j'eus occasion de lire une jolie brochure de Mme Luigia Codemo, — excellent écrivain vénitien, qui jouit d'une belle renommée dans la péninsule, — sur le village de Nohant, qu'elle alla visiter en 1884; sans toutefois pouvoir pénétrer dans l'historique château, vu que ses nobles habitants étaient à Paris. Alors, Mme Codemo eut la délicate pensée d'emporter avec elle la fleur d'une aubépine, en souvenir de son pèlerinage dans le Berry. Mais, sur la route de la Châtre, Mme Codemo eut la fortune de rencontrer la fille même de George Sand, Mme Solange Clésinger, qu'elle embrassa, dans son enthousiasme, au nom de Venise et de l'Italie.

permette plus de buriner, — est une personne très capable et très modeste. Il est bien de la trempe et de l'étoffe de ces insignes patriotes italiens qui, de 1830 à 1859 en terre étrangère, preparèrent, par leurs nobles et ardents travaux, l'unification et l'indépendance de la patrie.

M. Mancion me reçut avec bonhomie, dans son salon tapissé de gravures de Calamatta. J'y admirai, et c'était pour la première fois de ma vie, le portrait de Paul Mercuri, l'ami et le compagnon de Calamatta, qui fit sa fortune à Paris, celui de Paganini, la *Gioconda*, la tête de Napoléon Ier, d'après le plâtre du docteur Antonmarchi: plusieurs autres gravures sur différents sujets, toutes magnifiques et signées par le grand artiste. Et enfin, celle qui formait mon ardent désir, la gravure de George Sand, faite en 1834. Jusque-là je n'avais vu aucun portrait d'elle et vivement frappé je restai plusieurs minutes en extase devant la grecque beauté de ces traits splendides, que la fine gravure italienne faisait paraître vivants. Et je ne pus m'empêcher de prononcer, tout bas, ces mots: « Ah, George Sand, que tu étais belle! Qui aurait pu résister, alors, à ton regard éblouissant et à ta parole magnétique, si maintenant celui qui t'admire et te vénère, — à un demi siècle de distance, — ne sait pas resister à l'enchantement de tes écrits divinement poétiques!... »

A M. Mancion je parlai, avec beaucoup d'intérêt, de Mme Lina Calamatta, la fille de l'illustre graveur, la digne épouse de M. Maurice Sand, laquelle est, depuis son enfance, dans les meilleurs rapports d'amitié avec lui; et, surtout, j'aimai à écouter de ce bon et affable vieillard des anecdotes très intéressantes sur Calamatta lorsque ce dernier vivait en France et que la renommée ne l'avait pas encore visité.

Je demandai, en outre, à M. Mancion de me dire quelle était, selon lui, la différence dans leurs œuvres, entre les deux graveurs italiens, qui formèrent l'admiration de tout Paris et de tout Bruxelles, époque de 1827 à 1862. Il me répondit:

— Voilà, selon mon faible avis, Calamatta avait plus de génie et plus de sûreté; Mercuri plus de savoir et plus de grâce. L'un était le Raphaël de la gravure; l'autre en était le Léonard de Vinci.

J'allais prendre congé, lorsqu'il me conseilla d'aller faire connaissance avec M. Lelli, un de ses amis, qui avait été, en 1850, élève de Calamatta à Bruxelles, de qui il était aimé comme un fils. Je suivis l'excellent avis et fus trouver ce monsieur, qui demeure à l'autre bout de la ville et qui me reçut parfaitement bien.

M. Lelli, de petite taille, à la mine agréable et dégagée, parlant français avec un accent légèrement romain, paraît avoir touché la soixantaine; mais il n'a pas cessé de travailler au burin, ayant bien conservé sa vue. Il s'empressa d'acquiescer à mon désir et me montra ses cartons remplis de magnifiques gravures de Calamatta, dont il parla longuement avec un plaisir et un entrain enviables. Je vis, entre autres gravures, le portrait de M. Ingres, illustre peintre français, contemporain et ami de Calamatta; et le premier tirage du diplôme de l'Exposition universelle de 1855 à Paris. Ce diplôme avait été conçu et dessiné, en une seule nuit, par ce remarquable peintre. L'exemplaire unique de M. Lelli porte les corrections de la main même de M. Ingres.

A cette première Exposition, ouverte au Palais de l'Industrie, ce fut M. Lelli qui arrangea les belles gravures du *Calamaio benedetto*, — comme l'appelait George Sand, — qui obtinrent l'admiration universelle.

M. Lelli me conduisit dans son atelier, où il me montra plusieurs beaux dessins sur cuivre, exécutés par lui. J'en vis un surtout, qui me plut immensément, de grande dimension, auquel M. Lelli travaille depuis dix ans. C'est la royale chalcographie de Rome qui le lui a commissionné. Cette gravure est la reproduction fidèle de la grandiose fresque de Raphaël au Vatican, figurant la bataille de Constantin au pont Milvius, où Maxence et les siens périrent noyés dans le Tibre, en 312.

M. Lelli, qui fut bien charmant pour moi, ne permit pas que je le quittasse avant qu'il ne m'eût montré son album de famille, où j'eus l'immense plaisir de voir, pour la première fois, les portraits de M. Maurice Sand, de Mme Lina Sand-Calamatta, des deux charmantes fillettes Lolo et Titile Sand, âgées, — selon les portraits, — de huit à dix ans; et enfin la photographie de ce beau et célèbre château de Nohant, dont le nom seul m'a toujours fait palpiter de joie.

Après cette heureuse journée, je m'écriai, satisfait et convaincu: Hé bien, je crois, aujourd'hui, avoir marché quelques bonnes lieues vers Nohant. Serait-ce mon bon génie qui, me prenant par la main, me conduit vers le lieu de *sa* naissance ?

CHAPITRE II.

Passy et Nohant.

J'étais, depuis trois mois, à Portoferraio, qui est une charmante petite ville, remarquable par le séjour qu'y fit Napoléon Ier en 1814, et par sa belle situation au bord de la mer, dans un climat doux et salubre. Je menais paisiblement mon train de vie, donnant mes leçons à l'école technique et étudiant délicieusement mon grand écrivain français, lorsque à l'improviste je reçois l'avis inopiné de me tenir prêt à partir d'un moment à l'autre pour la capitale de la France, où je devais me rendre en mission spéciale et délicate.

Je ne pouvais pas croire à une chance si belle, si inattendue ! Moi, de l'île d'Elbe, aller en France, à Paris ! Mais, c'était là justement mon plus grand rêve, depuis que je connaissais le nom de George Sand ; rêve que je croyais même insensé, attendu la pauvreté constante de mes moyens. Ce rêve néanmoins allait bientôt devenir une réalité, puisqu'on m'annonçait un voyage à entreprendre avec toutes les facilitations imaginables. Et voilà que d'une pierre je pouvais faire deux coups.

Je partis donc le 5 décembre 1887 de Portoferraio, la joie dans le cœur et la sûreté dans l'âme, et le dimanche suivant, 11 décembre, anniversaire de la naissance d'Alfred de Musset, par un temps splendide, j'étais dans la plus belle ville du monde. Il faut dire la vérité: Paris, en dépit de sa grandeur, en hiver est bien triste; le temps y est généralement mauvais: de la pluie, de la neige, de la glace, du brouillard, de la boue pendant des mois entiers; mais ce jour-là le ciel avait quelque chose de pur et de souriant qui se rapprochait beaucoup de notre ciel italien. C'était un bon présage!

Dans cette après-dînée, par le bateau-mouche, je descendis la Seine jusqu'à Passy et me dirigeai vers le bois de Boulogne, en cherchant le nom d'une rue que je savais par cœur, tant je me l'étais répété en maintes occasions. Enfin, presque à l'entrée du bois, je la découvre, cette rue bien désirée et bien attendue! C'était la chaussée de la Muette.

Au n. 16, il y a une grille en fer, ouverte pendant le jour, à deux battants. Je la dépasse et me dirige vers le logement de la concierge, qui me dit de continuer par l'allée du jardin jusqu'au n. 6, m'avertissant, toutefois, que je n'aurais pas trouvé le maître de la maison, lequel n'était pas à Paris.

J'en eus du regret. J'avance toujours en regardant avec curiosité à travers les arbres; et voilà soudain m'apparaître la petite villa que je cherchais avec anxiété. Elle a deux bustes, en terre cuite, sur la façade et porte, sur les vitres rouges de la porte d'entrée, les initiales de la noble famille qui l'habite.

C'est avec trépidation que je tire la sonnette de la grille, qui me vient aussitôt ouverte par une vieille bonne à qui je remets ma carte. Je reste à peine quelques instants dans le jardin et voilà que l'on m'introduit dans un magnifique petit salon, au niveau du parterre, rempli de merveilles artistiques, que le jour baissant me faisait paraître indistinctement.

Une dame, d'une petite taille bien prise, habillée en soie noire, au visage souriant, aux manières distinguées, me reçoit debout dans le salon. C'était Mme Lina Sand, à laquelle je fais une profonde révérence. Je lui adresse la parole en italien, car je n'aurais pas su parler une autre langue devant la fille de Louis Calamatta. Je lui demande, avec intérêt, des nouvelles de M. Maurice Sand et de ses deux filles; puis Mme Lina désire que je l'entretienne de l'Italie, de notre chère patrie, qu'elle n'a plus revue depuis vingt ans, mais qu'elle n'a pas oubliée et qu'elle aime avec passion.

Toutes les questions qui intéressent notre pays lui furent soumises le mieux que je savais. Mme Lina s'applaudit que l'Italie sous la monarchie de la maison de Savoie, en peu d'années, se soit élevée au rang des premières puissances en Europe. Elle a confiance que notre beau pays prospérera toujours, car son peuple régénéré se souvient d'avoir souffert sous le joug étranger.

Ensuite, nous continuâmes la conversation en français en parlant surtout de George Sand pour qui je montrai toute mon admiration et tout mon enthousiasme.

— Nous en étions persuadés, mon mari et moi, car, l'année passée, lorsque vous nous écrivîtes au sujet de l'autographe de Mme Sand, nous remarquâmes la sincérité et l'honnêteté de vos intentions.

— Madame, lui répondis-je, je vous remercie bien de vos paroles qui me flattent et m'honorent grandement.

L'heure étant un peu avancée, je voulus prendre congé de Mme Lina Sand; mais elle ne le permit pas. Avec une grande courtoisie elle m'invita à dîner pour ce même soir. J'essayai d'abord de ne pas tenir sa parfaite invitation, ne me paraissant pas avoir des mérites suffisants pour m'asseoir à sa table; mais la bonté de Mme Lina fut si grande que je n'insistai pas davantage et fus même très heureux de prolonger ma visite pour faire la connaissance, un peu plus tard, de Mlles Sand.

Alors j'informai Mme Lina qu'avant de quitter Portoferraio, j'avais envoyé au journal l'*Italie* de Rome, une lettre que j'adressais à M. Gustave Vapereau, inspecteur général de l'industrie publique en France, pour défendre la nationalité italienne de Louis Calamatta que M. Vapereau, dans son *Dic-*

tionnaire des contemporains, fait passer pour *Français.* [1]

Mme Lina me demanda si j'avais sur moi la copie de cette lettre, qu'elle était curieuse de connaître. Je lui affirmai que la chose était bien facile, pourvu qu'elle me permît de m'absenter pendant une heure; que j'aurais été chercher la lettre en question à mon hôtel. Elle consent que je me retire à condition que je sois de retour pour le dîner, à six heures et demie du soir. Je promets et je pars comme une flèche. Je prends une voiture, qui en vingt minutes me descend à l'hôtel d'Angleterre, dans

[1] Du journal l'*Italie* du 7 décembre 1887.

« A M. Gustave Vapereau,
inspecteur général de l'instruction publique,
Paris.

« Je n'ai pas l'honneur de vous connaître personnellement, car il y a trop de distance entre vous et moi; mais je connais votre nom d'auteur, possédant vos deux magnifiques dictionnaires, l'un des *Littératures*, l'autre des *Contemporains*, qui m'aident beaucoup dans mes études françaises. — Dans ce dernier (5e édition, 1880), je viens de relever une très grande faute.... d'impression, que je m'empresse de signaler à votre bon sens et à votre droiture de publiciste.

« Prenez, je vous prie, dans cet in-8°, la *liste des personnes*, dont les noms ont figuré dans les quatre premières éditions, etc., à la lettre *C*, le nom de Calamatta Louis, et vous y lirez à côté : « graveur français d'origine italienne.... »

« Ceci, par exemple, est une hérésie qui devrait être effacée dans une nouvelle édition, car vous savez très bien, monsieur, que Calamatta ne fut jamais *Français;* d'abord, puisqu'il est né à Civitavecchia, d'une famille tout à fait originaire du pays; ensuite, parce qu'il n'abjura jamais sa nationalité et que toute son œuvre, quoique produite en France et en Belgique, est une pure manifestion de l'art italien.

« Je pense, monsieur, que votre opinion personnelle concordera en ceci avec la mienne; mais si mes raisons ne suffisaient la rue Jacob, — que ceux qui connaissent Paris s'imaginent la distance immense qu'il y a entre Passy et le quartier Latin! — je m'empare de la lettre, qui fut lue dans la soirée à Mme Lina, et avec la même vitesse je suis de retour juste à six heures et demie à la villa Sand.

J'entre de nouveau au salon; cette fois bien illuminé par deux grandes lampes en porcelaine de Sèvres. Il y a du monde. Mme Lina Sand a l'obligeance de me présenter à M. Edmond Planchut, bel homme robuste, tirant sur la soixantaine, littérateur distingué, journaliste brillant, bel es-

pas, vous pouvez en appeler à la fille même de cet illustre graveur *italien*, mariée à un très digne artiste français, à Mme Lina Calamatta-Sand, vivant à Passy, 16, chaussée de la Muette, laquelle vous confirmera ce que je viens de vous assurer d'une manière très franche.

« Du reste, le célèbre romancier George Sand, dans l'*Histoire de ma vie*, vol. IV, de la page 270 à 275, et dans les 2e, 3e, 4e et 5e volumes de sa *Correspondance*, traite de Luigi Calamatta en sorte à prouver clairement qu'il naquit, vécut et mourut *Italien !*

« Votre belle et grande nation a assez d'hommes de génie, pour prétendre d'attirer dans le cercle lumineux de sa gloire, ces quelques artistes italiens qui, pauvres et obscurs d'origine, méconnus dans leur propre pays, vinrent demander à l'étranger une obole pour prix de leur talent et qui, parvenus enfin à l'aisance et à la renommée, n'outragèrent jamais le nom de leur patrie et ne purent jamais l'oublier.

« Ceci, M. Vapereau, pour la vérité et pour l'honneur devrait être imprimé, en lettres d'or, sur vos grands *Dictionnaires biographiques*.

« Croyez-moi, avec tout le respect et la considération que je vous dois,

« Votre très humble serviteur
« Prof. ERCOLE MORENI.

« Portoferraio, 3 décembre 1887. »

prit, cœur ouvert, ami dévoué de George Sand; à M. Porel, chevalier, — il portait le ruban à la boutonnière, — directeur du théâtre de l'Odéon, belle tête, beau parleur, qui était en train de lire une critique de la pièce : *Beaucoup de bruit pour rien*, de Shakspere, traduite en vers par M. Legendre, un jeune poète moderne; laquelle était en vogue à Paris, dans ce moment.

Ensuite, Mme Lina me présenta à ses deux demoiselles. La première, assise sur un fauteuil, était vêtue d'une robe de chambre bleu-ciel; — elle paraît avoir dix-neuf ans — la chevelure brune, abondante, frisée, tombant sur ses épaules. C'était Mlle Aurore Sand. Son visage pâle indiquait qu'elle avait été souffrante de ces jours-là : en effet, elle venait de se lever dans la soirée même, ayant été alitée pendant quelques jours. Sa figure caractéristique me frappa grandement. Elle possède deux grands yeux noirs magnifiques, profonds. Sa noble et belle figure ressemble indubitablement à sa grand'mère. C'est son portrait même, selon moi. L'autre demoiselle Sand, Mlle Gabrielle, m'impressionna moins. Cependant, elle est aussi bien belle; elle aussi a de grands yeux noirs comme sa sœur. Pour moi, ce sont les yeux de George Sand qui se sont reproduits dans ses petites-filles! Mlle Gabrielle, âgée environ de dix-huit ans, ressemble,— me dit sa mère,— à son bisaïeul, le colonel Maurice Dupin, le vaillant officier du premier empire, le descendant du maréchal de Saxe; mais elle est une personne plus calme, plus timide que sa sœur.

√Mlle Aurore, — toujours selon mon appréciation, — paraît avoir, au contraire, une nature inquiète, nerveuse, entreprenante. Elle a le sang de George Sand dans les veines. On dirait qu'elle attend son astre pour se révéler! Elle est artiste, je l'imagine; elle cherche sa manifestation individuelle qu'elle doit déjà sentir en elle; mais, peut-être, lui faudra-t-il encore du temps pour trouver sa voie. Elle attend l'inspiration du dehors; mais l'étincelle est en elle!...

Je voudrais, s'il m'était permis de former des vœux pour Mlle Aurore Sand, que, si jamais elle avait, un jour, à s'adonner à la littérature romantique, tombée en France, dans ces derniers temps, au plus bas niveau de décadence et de folie, elle eût, pour amour de son grand pays, à faire revivre l'idéal de douceur et de poésie, qui anima tout l'œuvre de George Sand!...

Notre siècle est près de sa mort; un autre, le XXe, va poindre à l'horizon du monde. Faudra-t-il que le nouveau siècle soit, vraiment, sans expression et sans croyance? J'espère que non; surtout, si, dans la race gauloise, un nouveau génie viendra briller au milieu des ténèbres du progrès moderne! . . . .
. . . .

❁

Le dîner se passa d'une manière gaie et confiante. Tout était si nouveau et si beau pour moi que je me trouvais complètement heureux au milieu de mes nobles hôtes. Je parlai peu, mais j'écoutai beaucoup. Je parlais lorsqu'on avait la bienveillance de s'adresser à moi. On parla de l'Italie et l'on en vanta les beautés artistiques. M. Planchut raconta son ascension au Vésuve. M. Porel nous entretint de son théâtre et de ses acteurs. Mme Sand, qui parle admirablement le français, sans avoir oublié l'italien, et qui est très instruite, traita de la reine Élisabeth et de lord Essex avec une parfaite connaissance de l'histoire anglaise.

Le dîner terminé, on revint au salon. Alors ces dames me contraignirent doucement à faire de la *graphologie*, dont je me souvenais si peu, et il me fallut analyser plusieurs écritures. Dans l'écriture de Mlle Aurore, j'avais remarqué le signe graphologique de l'ambition littéraire, qui est très prononcé. Il paraît que j'avais réussi dans quelques écritures, surtout dans celle de M. Porel.

On m'en présenta une dans laquelle j'eus l'audace de trouver, toujours selon la graphologie, ces légers défauts: *volonté faible, mobilité d'esprit, volubilité, tempérament féminin, grâce et amabilité.* C'était, malheureusement, l'écriture de M. Edmond Planchut, et.... je l'avais ignoré jusqu'à la fin. Que l'on comprenne ma confusion et mon remords!

Je cessai aussitôt d'analyser d'autres écritures, pour ne pas choir dans les mêmes fautes qu'on ne pardonne pas si facilement.

A dix heures du soir je quittai, content et heureux, le *Nohant* de Passy, emportant dans mon souvenir la plus douce impression de la noble famille Sand.

Pendant mon séjour à Paris, j'eus l'honneur de visiter encore *trois* fois Passy. Dans l'une de ces visites, Mme Lina eut l'amabilité de me participer que M. Maurice Sand, qui avait été informé par elle de mon arrivée à Paris, m'attendait d'un jour à l'autre à Nohant.

Je me réjouis de cette heureuse nouvelle, d'autant plus que je savais que le château de Nohant n'est pas ouvert à tout le monde; mais seulement aux amis de la maison. C'était, donc, une distinction toute particulière qu'on voulait me faire: ce dont j'étais bien reconnaissant envers les aimables personnes qui devançaient de la sorte mes plus ardents désirs.

Nohant! Nohant, nom magique et grand d'un pauvre petit village du Berry, que je désirais ardemment visiter lorsque j'en lisais la vivante description dans l'*Histoire de ma vie*, et que je devais par bonheur effectivement voir le jeudi 22 décembre 1887.

J'y arrivai le soir, vers six heures. La petite gare porte le nom de Nohant-Vicq, et est isolée au milieu de la campagne. Il faisait un petit clair de lune; l'air était froid et sec. J'avais laissé mes bagages à la gare, hormis une petite valise que je portais moi-même. J'avais caché mon menton sous un foulard que j'avais roulé autour du cou. J'éprouvais une certaine émotion.... et je marchais d'un pas relevé dans les chemins endurcis par la glace, vers la direction qu'on m'avait vaguement indiquée.

Tout était silence autour de moi. Je traversai un petit pont en bois sur un ruisseau et je pensai à l'Indre! Je marchai ainsi, — sentant mes mains gantées s'engourdir par le froid, — un bon quart d'heure jusqu'aux premières maisons du village. Là je me mis à chercher des yeux le fameux château que je ne pouvais pas apercevoir à travers la brume du soir. Je me dirigeai, alors, vers la porte d'une auberge d'où sortait un peu de lumière. Une bonne vieille femme, en bonnet blanc, une Berrichonne enfin, que je trouvai dans la salle, où pétillait un excellent feu de cheminée, proposa de me conduire au château. Elle prit mon léger bagage et me conduisit à travers les sentiers jusqu'à une haute et grande maison, de belle apparence, entourée d'un mur. On entra, par une petite porte cochère, dans une grande cour, encombrée de quelques chariots et outils de labourage. « Nous y sommes, » dit-elle, et l'on se dirigea vers la cuisine, par où l'on entre le soir. Là, je trouve deux bonnes en bonnet blanc et un garçon de peine en tablier bleu. On va m'annoncer à M. Maurice qui était à table ne sachant pas que je serais arrivé ce soir même. En attendant que l'on m'introduisît, je me mis à regarder cette vaste cuisine berrichonne, et je me disais tout bas: Enfin tu y es, tu y es!

On me fait passer dans la salle à manger, où M. Maurice Sand me reçoit debout, son bonnet d'astrakan à la main et en me souhaitant le bienvenu.

Je fixe dans les yeux le fils de George Sand, pour bien m'emparer de sa figure. Il est grand, sec. Ses yeux sont vifs, souriants. Son visage est entouré de la barbe blanche, d'où se détachent deux longues moustaches, qu'il relève, de temps à autre, par habitude. M. Sand a l'air un peu fatigué. Il est âgé de soixante-quatre ans. Il ressemble à sa mère. Il est simplement mis, à la campagnarde. Ses manières sont naturelles, douces, prévenantes. Il me fait asseoir, vis-à-vis de lui, à sa table ovale. Il ordonne mon dîner à la bonne, qui se retire aussitôt; puis M. Maurice me questionne sur mon voyage....

Je lui réponds par monosyllabes, d'abord, tant je me trouvais confus et agité ; ensuite, peu à peu, ma langue se délie : je lui parle de Passy et de ses courtois habitants. Puis, je l'écoute parler lui-même, avec plaisir, m'imaginant entendre, par sa bouche, la voix de sa mère! Je ne perds pas un mouvement de ses yeux et de sa figure ; et, de temps en temps, je regarde, avec étonnement, tout autour de moi. Ah, si les blanches parois de cette vaste salle pouvaient répéter l'écho de *cette* voix bien-aimée !...

A mesure que M. Maurice parlait, je sentais, dans mon cœur, croître ma sympathie pour lui ; et mon parler s'animait. Le dîner fini, la bonne revient pour desservir la table, sur laquelle on apporte une grande carafe de bière de Strasbourg et deux bocks. M. Maurice place deux chaises au bout de la table et m'invite à m'asseoir, en prenant à raconter de son séjour en Italie, en 1855. Il dit qu'il savait, un jour, l'italien, — en effet, il s'en souvient assez, — lorsqu'il s'occupait de son livre : *Masques et Bouffons*, que je regrette n'avoir pas encore lu. Puis il dit quelque chose d'amusant sur M. Edmond Planchut, ce vieil enfant gâté par la fortune et favorisé des muses et des grâces, que je n'avais pas trop mal jugé selon son écriture. Mais, le grand discours que nous fîmes, ce fut au sujet de George Sand. Nous passâmes en revue ses principaux ouvrages; nous parlâmes de quelques particularités intéressantes de sa vie; de ses voyages en Italie; de ses douces habitudes à Nohant.

Alors, je demandai à M. Maurice quelle était la place habituelle qu'occupait sa mère à cette table.

— La même que vous avez eue ce soir, me répondit-il.

Je sentis un frisson de plaisir me courir dans les veines; et je considérai quelques instants cette place chérie.

Notre conversation se prolongea animée jusqu'à onze heures de la nuit. Alors, M. Maurice, regardant la pendule, me dit :

— Vous êtes, sans doute, fatigué; il faut vous coucher, Je vais vous conduire à votre chambre; mais, auparavant, je vais laisser écrit sur cette table que demain à huit heures on vous monte du café au lait.

Nous sortîmes, ensuite, de la salle, près de laquelle monte en large spirale le grand escalier de la maison qui conduit à un long corridor supérieur, où se trouvent les appartements d'un côté et de l'autre de ce couloir. M. Maurice ouvrit la chambre n° 4, qui est à gauche de l'escalier. Une très jolie petite chambre, où il y a un beau lit en bois lustré, avec des rideaux jaune foncé: une couverture en soie Solférino, bordée de velours noir, portant une étoile au milieu ; un tapis par terre; des meubles anciens et quelques gravures aux parois, représentant: deux peintres italiens, des paysages, un magnifique cheval en liberté dans les champs, et un cheval sans cavalier, blessé à la cuisse par un éclat d'obus, s'enfuyant d'un champ de bataille.

Malgré la beauté de cette chambre, on y grelottait de froid. La température au dehors était de trois à cinq degrés au-dessous de zéro! M. Maurice, affectueux comme un père, poussa la bonté jusqu'à m'arranger le lit, et, me souhaitant la bonne nuit, il se retira.

Lorsque ses pas se furent perdus dans l'escalier, je me jetai à genoux près du lit et je dis, avec ferveur : « Je suis près de toi! chez toi même, oh, George Sand! Que ta sainte mémoire soit donc bénie!... » Puis, je m'endormis comme un bienheureux. Le lendemain matin, je me réveillai, ne pouvant pas croire à l'évidence. Mais oui, mon ami, je répétais à moi-même, tu es bien à Nohant! Je fus vite debout. Je regardai tout ce qui était autour de moi avec curiosité, avec plaisir. Ces meubles, ces gravures, cette chambre même, où entrait une lumière claire, abondante, par les vitres glacés, avaient des reflets particuliers à cet endroit, qui semblaient me répéter une infinité de pensées suaves, que j'avais certes écoutées frémir dans mon imagination, lorsque je me figurais, en Italie, voir le château de Nohant, sans y être jamais allé. Aussi, je voulus écrire plusieurs lettres à mes meilleures connaissances et les dater de l'endroit même. En toutes je mis ces simples, mais éloquents mots :

« Je suis à Nohant, l'hôte du fils de George Sand ! »

Il y avait du brouillard dans l'air, et il faisait dehors un froid de loup. Vers dix heures, cependant, je vais à la commune de Vicq, qui est éloignée une demi-heure de chemin de Nohant, pour y acheter des timbres dans une auberge. Là, je coupe une courte bavette avec une brave Berrichonne, qui voulut savoir des nouvelles de la famille Sand. Je satisfis à son désir, d'autant plus qu'elle assurait être « en bons rapports avec ces dames. »

Rentré au château, j'eus le plaisir de trouver M. Maurice, qui venait de se lever, — c'était son heure, — dans la salle, où il m'attendait. Je lui souhaitai le bonjour. Il me demanda comment j'avais passé la nuit :

— La plus heureuse de mes nuits, depuis que je suis au monde!

Après déjeuner, M. Sand ayant roulé une cigarette, et passé une main à sa longue moustache, me demanda d'un air souriant :

— Maintenant, voulez-vous visiter la maison ?

— J'attendais, cher monsieur, cet heureux moment et me voilà prêt à vous suivre.

Alors, il ouvrit la porte du salon, — en ce moment, le soleil parut et inonda les parois de sa lumière joyeuse et vivifiante, — ce salon même, où se réunissaient, dans le temps, George Sand, son fils, Mme Lina, les deux jeunes demoiselles, Aurore et Gabrielle, et quelques rares et précieux amis hébergés dans le beau château, autour de cette table mémorable, qui devait être, plus tard, l'intéressant sujet d'un roman domestique de Mme Sand.

Le salon est superbe. Il y a de très beaux tableaux, qu'il faut citer : le portrait de Mme Dupin, duchesse de Horn ; celui de la même dame, assise dans une prairie et folâtrant avec le jeune Maurice ; le portrait du colonel Dupin, alors simple soldat ; celui de George Sand, enfant ; le portrait du premier-né de M. Maurice, mort à l'âge de vingt mois. Puis les magnifiques gravures de Calamatta : la *Gioconda ;* le portrait de Paganini ; celui de la mère de Mme Lina, superbement belle, — elle fut peintre ; — la gravure de Lina Calamatta, à dix-huit ans ; celle représentant George Sand, habillée en homme, faite en 1832. Un grand portrait à l'huile, figurant Mlle Solange Sand, qui a une parfaite ressemblance avec son illustre mère. Ensuite les deux portraits à l'huile des jeunes demoiselles Sand. Deux beaux tableaux, peints par M. Maurice en Italie, année 1855; l'un faisant revivre la ville de Pompéi, à l'époque impériale; l'autre reproduisant la vie romaine aux environs de Tusculum. Enfin, pour couronner ces précieux objets d'art, le buste de George Sand, en terre cuite, parfaitement sculpté et très ressemblant; s'élevant, avec majesté, au fond du salon.

De là, nous nous rendîmes dans la chambre à coucher de M. Maurice, laquelle est située en regard du salon, toujours au même étage, c'est-à-dire au niveau du parterre, où l'on va par une porte vitrée, qui est dans la salle à manger.

La chambre à coucher de M. Maurice appartint, jadis, à Mme Dupin. C'est là même que la vieille dame fit sa longue maladie, soignée par cette aimable et charitable Mlle Aurore Dupin qui, plus tard, devait devenir George Sand; et c'est là qu'elle rendit sa belle âme à Dieu.

Dans cette chambre il y a de beaux meubles artistiques du temps de feu Mme Dupin. A côté, il y a un joli petit cabinet de travail, avec cheminée, dans lequel sont les livres d'études et les papiers de M. Maurice.

Nous traversâmes, après, un long couloir et nous entrâmes dans la salle du théâtre de Nohant lequel est célèbre dans la brillante vie intime des Sand. Sur ce théâtre, de vrais acteurs, venus de Paris, jouèrent, dans le temps: *Claudie, François le Champi, le Marquis de Villemer!* Ces pièces remarquables furent essayées sur cette petite scène, devant George Sand même et les siens, avant d'être représentées sur les grands théâtres de la capitale. Maintenant, ce joli théâtre historique sert d'amusement aux demoiselles Sand, quand elles viennent passer l'été à Nohant. On voit encore, dans la salle, une affiche placardée de l'année dernière. On y lit : *Sangre y navaja*, — comédie à canevas espagnol, — par Mlle Lolo. Principaux acteurs : Mlles Sand et une jeune amie des environs.

Derrière une parois en bois M. Maurice me montra l'emplacement du fameux théâtre des *Marionnettes*, duquel il était, à la fois, directeur et acteur; car c'était lui qui faisait admirablement jouer toutes ces belles marionnettes, moyennant des fils cachés dans les coulisses, aux grands ébats et à la grande admiration des spectateurs.

Maintenant ce petit théâtre a été transporté à Paris dans le salon de Passy. Je regrette de ne l'avoir pas su; car j'aurais bien prié Mme Lina de me le montrer.

En revenant sur nos pas, mon aimable hôte me fit cadeau de *trois* portraits de sa mère, que je conserve précieusement et de *quatre* jolies photographies de Nohant, dont une représente les *Marionnettes*.

Puis, nous montâmes au premier étage. On visita la bibliothèque, où sont réunis plusieurs milliers de volumes; et l'on entra, remarquez-le bien, dans le cabinet de travail de George Sand !

Je vis, avec émotion, son bureau, sur lequel elle écrivit tant de chefs-d'œuvre ! son fauteuil, son écritoire, ses plumes !...

Sur le casier du bureau est placardé un petit bout de papier, écrit de la main même de George Sand avec cette pensée mémorable de Pascal:

« La nature agit par progrès, *itus et reditus*. Elle passe et revient, puis va plus loin; puis deux fois moins, puis plus que jamais ! »

Du cabinet de travail nous passâmes dans la chambre à coucher de George Sand.

— Voilà, me dit M. Maurice, la chambre de ma mère. Rien dans l'ameublement n'a été changé. Tout s'y trouve comme de son vivant. Maintenant c'est ma fille aînée, qui habite ici. C'est là, sur ce lit que vous voyez, que ma mère mourut!... Je sentis un serrement au cœur.... Je me détournai un instant.... et j'aperçus, pendu à la muraille, attaché par un ruban pâli, un vieux violon, avec un archet sans crins. Je demandai, aussitôt, à qui était ce violon.

— C'était le violon de Maurice Dupin. Il était en train de le jouer, au moment même que ma mère venait au monde. Ne vous souvenez-vous pas d'avoir lu, dans l'*Histoire de ma vie*: « .... ce vieil instrument au son duquel j'ai vu le jour.... »

En écoutant ces derniers mots et en pensant, aussi, ce qu'avait dû souffrir dans ce monde *celle* qui naissait aux vibrations des cordes sonores, je ne pus plus maîtriser mon émotion et j'éclatai en sanglots....

M. Maurice me prit par les deux épaules et me dit d'un ton doux et affectueux:

— Mon ami, ne vous faites pas de la peine!

J'essuyai mes larmes et le bon monsieur qui

s'était un peu éloigné de moi pour que je pusse me remettre, m'appela dans le corridor, en me disant: « Allons voir, maintenant, des choses plus gaies; » et il me conduisit dans le *Monde des Papillons*, c'est-à-dire dans une grande chambre, où sont recueillis et classés, dans des armoires à petits tiroirs, des milliers de papillons, que M. Maurice Sand a décrits dans ces intéressantes causeries à travers champs. Il me montra son livre, que je considérai en pensant aux grandes peines qu'il a eues pour attraper, dans divers pays, ces beaux insectes ailés; pour les conserver; les analyser; les classer suivant les familles, les espèces, pour les nommer et pour les décrire. M. Sand a donc bien mérité de la science, de la littérature et des arts.

Sans quitter le premier étage, nous allâmes voir les différentes chambres destinées à Mme Lina, à Mlle Gabrielle et aux amis de la maison, qui en été viennent à Nohant pour en égayer le séjour enchanteur.

Du premier nous montâmes au 2e étage, où se trouve l'*atelier* de M. Sand, éclairé par un grand vitrage, avec tous les objets de peinture ; et quantité de tableaux, de meubles antiques, de tentures, de statues, de plâtres, d'armes, etc. Il s'y trouve aussi deux grandes armoires, remplies de minéraux classés et à classifier.

En me les montrant, M. Maurice, plein de grande modestie et de sollicitude paternelle, dit:

— Voilà bien de l'ouvrage pour deux *gendres* de bonne volonté, s'il en viendra!...

Puis on visita les combles dans lesquels sont entassés les meubles, les scènes, les coulisses du théâtre; avec des caisses d'habillements, des armoires remplies d'objets d'ornements; ensuite des armes, des chapeaux de toutes formes et pour tous les âges; plusieurs paires de chaussures, depuis la petite et élégante bottine pour demoiselle, à la grosse et massive botte de l'ancien jockey de Mme Dupin.

Nous avions, ainsi, tout visité et tout admiré dans le château.

Nous redescendîmes à la salle à manger, que nous traversâmes pour nous rendre au jardin.

Il était environ quatre heures de l'après-midi et le soleil luisait toujours; l'air toutefois se maintenait froid et vif. Au devant du château, dans le parterre, s'élèvent deux grands et magnifiques cèdres du Liban, sous lesquels il fera bon de s'abriter pendant les grandes chaleurs.

On parcourut toutes les belles allées. On traversa le petit bois; on vit, de loin, le grand pré; le manège, lequel sert aujourd'hui pour le jeu de boules; la petite pièce d'eau; le verger. Nous passâmes à côté du joli chalet, qui s'élève près de la route de la Châtre et qui sert, quelquefois, de logement au vieil et fidèle ami de la maison Sand.

— C'est là, me dit M. Maurice, qu'habite en été l'incomparable Planchut, et c'est de là qu'il s'amuse à chasser....

Nous fîmes le tour, en entier, du jardin, lequel est très vaste, et nous côtoyâmes le verger, où bêchaient deux paysans. Nous nous dirigeâmes, ensuite, vers un petit mur, lequel semble séparer la propriété Sand d'une autre voisine.

Dans ce mur, qui se prolonge jusqu'au château, est pratiquée une ouverture fermée par une porte en bois. On ouvrit cette porte et nous nous trouvâmes dans le cimetière!

Un tombeau en pierre, en forme de sarcophage, sur lequel est sculpté un nom grand et sacré, renferme les restes mortels de George Sand! Je restai muet, la tête découverte, devant cette tombe!...

A côté, vers la gauche, deux pierres sépulcrales indiquent l'endroit où sont ensevelis le colonel Maurice Dupin et la duchesse de Horn sa mère.

Un peu plus loin et un peu plus en avant, le tombeau de la fille de Mme Solange Clésinger, la charmante petite nièce tant regrettée de George Sand, morte en 1855.

A droite, enfin, du sarcophage le tombeau du premier-né de M. Maurice et de Mme Lina Sand, qui laissa dans la douleur la plus poignante ses tendres parents.

Un haie de myrthe sépare ce lieu de repos du cimetière du village, où d'humbles croix en bois, témoignent de la piété des pauvres.

En sortant, triste et rêveur, de cette enceinte funèbre, je fus assailli par ce doute:

— Après la mort, le néant?

— Non, répondit une voix intérieure, car l'âme et le nom de George Sand sont immortels!

www.ingramcontent.com/pod-product-compliance
Ingram Content Group UK Ltd.
Pitfield, Milton Keynes, MK11 3LW, UK
UKHW021037180726
13838UKWH00004B/1855